Isha,
nacida del corazón

Fina Casalderrey

Isha,
nacida del corazón

edebé

Título original: *Isha, nacida do corazón*
© Fina Casalderrey Fraga, 2006

© Ed. Cast.: edebé, 2006
Paseo de San Juan Bosco, 62
08017 Barcelona
www.edebe.com

Directora de la colección: Reina Duarte
Diseño de las cubiertas: César Farrés
Ilustraciones: Manuel Uhía
Traducción: M.ª Xesús Fernández Fernández

1a edición, abril 2006

ISBN 84-236-7862-8
Depósito Legal: B. 1169-2006
Impreso en España
Printed in Spain
EGS - Rosario, 2 - Barcelona

A Payel y a Alberto Manohar.
A Luis Enrique.
A ti, que también naciste del corazón.

Índice

1
Isha quiere ser blanca

—Mamá, yo quiero ser blanca como tú.
—Pero Isha, ¿qué me dices?

—Que quiero tener la piel como tú, quiero ser blanca.

—¡Anda ya! Si ahora te descoloras, me muero.

—No te rías, mamá; eso se puede hacer… Michael Jackson…

—No digas tonterías, tesoro. ¡Pero si eres preciosa! Tienes bonitas la piel y el alma.

Isha vuelve a ser un pájaro azul perdido en el aire, y Sara intenta convencerla del privilegio que supone tener esa deliciosa piel canela propia de las gentes que nacen en los mágicos territorios hindúes.

—¿No te das cuenta, corazón mío, de que en la playa todo el mundo se tumba al sol, sufriendo y sudando, para que se le oscurezca la piel? Y a ti no te hace falta, tu piel ya es preciosa sin necesidad de calcinarla.

—Ya, pero yo preferiría tenerla del mismo color que la tuya.

—Nena, a estas alturas… ¡Pero si lo sabes de sobra! A ti hoy te ha pasado algo…

Mientras la invita a que expulse sus demonios, Sara le enseña un vestido estampado, en tonos rojo y verde, que Isha decide probarse antes de ponerse el pijama. Por unos minutos lo olvida todo. Corre al espejo del pasillo y danza como una princesa de cuento. Se vuelve de espaldas y exclama:

—¡Huy, qué cinturón más raro!

—¡Ay, mi cielo! Si yo tuviera tu cintura, bailaría hasta encima de una caja de música.

Isha se contempla en aquella luna del espejo. Sus cejas se vuelven a juntar en un gesto de contrariedad.

—Marta me ha dicho que cómo ibas a ser tú mi madre, si tú eres blanca y yo soy negra. «Tú no tienes madre», me soltó delante de todo el mundo.

—¿Ah, sí? Y si yo no soy tu madre... Entonces ¿qué soy? ¿Soy el técnico que ha venido a arreglar la lavadora? ¡Cómo que tú no tienes madre! ¿Quién soy yo, eh? Qué me dices de las tartas de chocolate que te hago, de los enfados que me entran cuando no soy capaz de ayudarte con las divisiones, de la cara de tonta que se me pone cuando me recitas el poema que has aprendido en la escuela, de las ganas de verte que tengo cuando te dejo dos días con los abuelos, de la piedra preciosa que luce este anillo hecho con tu primer diente de leche, de las ganas de reír que siento cuando tú te ríes, de la electricidad que me recorrió todo el cuerpo, desde los dedos de los pies hasta la punta del pelo,

la primera vez que me llamaste mamá...
¿Qué? Todo eso, ¿qué? ¡Cómo que no tienes madre! Dime, ¿puedes explicarme quién
soy yo?

—Mi madre, pero...

Pero atrás quedan los días de respuestas
fáciles. Con cinco años, con seis... Isha se
balanceaba entre sueños ligeros de golondrina, impulsada por el cariño.

—No puedes llamarte Isha, con hache
—le había dicho una compañera de colegio,
hace ya más de cinco años—. Tendrás que
llamarte Isa, de Isabel.

—Yo soy Isha porque nací en la India
—había explicado convencida.

—¡Eres negra! —le había reprochado otro
niño en el parque de la Alameda, mientras
los dos se balanceaban en el columpio.

—¡Claro! —había insistido ella sin ofenderse—. ¡Es que nací en la India!

Automáticamente, el niño se quedó maravillado con el descubrimiento.

—¡Naciste en la India!

—Sí, soy adoptada. Sara y César fueron allí a buscarme. Son mis padres.

E Isha se daba impulso para subir más alto y tocar con sus pies menudos la rama de un chopo. Sabía que la palabra «adoptada» estaba llena de magia. Era una explicación suficiente.

—Los hijos nacen de la barriga —su compañero de juegos había seguido indagando.

—Yo no, yo nací del corazón de mi madre —había manifestado sin dudar—. Nací en un lugar muy hermoso, en el centro-sur de la India, que se llama Vijayapuri la Nueva...

—¿Vijayaqué? —el niño perdía impulso e Isha se columpiaba cada vez más alto.

—Sí, en Vijayapuri. Antes había otra Vijayapuri muy antigua, ahora duerme en un...

—Las ciudades no duermen —se había reído él, entre divertido e incrédulo.

Entonces Isha había buscado con la mirada a su madre para gritarle de lejos:

—¿A que las ciudades también duermen?

—Sí, cariño, las ciudades también duermen.

Esa respuesta certificaba la autenticidad de sus afirmaciones.

—¿Has visto? Después de nacer, como la barriga en la que estuve era de una mujer que vive en un palacio en el cielo...

—Eso es una tontería; un palacio en el cielo... se caería. Además... —razonaba el niño—, los albañiles, los carpinteros... no podrían hacerlo, no saben volar.

—Yo sí, yo sé volar —había asegurado rotunda—. Y los palacios en el cielo no se caen porque tampoco se cae el sol, ni las estrellas, ni los otros planetas... Me lo ha dicho mi madre —Isha saltó al suelo—. Ahí viene... ¡Mamáaaa!

—¡Menudo abrazo! —Sara había disfrutado de aquel abrazo con sabor a fruta fresca.

—¡Tú eres mi madre! —y retó con la mirada al vecino del columpio.

—¡Por supuesto! ¿Alguien lo duda?
El niño negaba con la cabeza.
Isha tampoco dudaba.

2
Un bebé en
el contenedor de la basura

En la noche del martes, un hombre escuchó unos gemidos muy débiles que salían del interior de un contenedor. Imaginó que sería una cría de gato, abrió la tapa y revolvió entre la basura para intentar rescatarla. Enseguida comprobó que los gemidos procedían de una caja de cartón y se apresuró a sacarla. Su sorpresa fue mayúscula al levantar la tapa. Un bebé, con pocas horas de vida, gemía aterido de frío. De inmediato llamó a la policía. El bebé fue rápidamente trasladado al hospital para recibir los cuidados oportunos.

Se trata de una niña preciosa, a quien su madre biológica abandonó poco después del parto. La policía está tras la pista de una joven colombiana que parece responder a los datos que se barajan.

El barrio de San Roque permanece consternado ante la noticia. Mientras, han aparecido cientos de personas que desearían darle un hogar a esa niña que nació dos veces en el mismo día.

Olvido Magdalena, enfermera en el Hospital Provincial, lamenta que sea tan difícil que ella pueda convertirse en madre de la pequeña, por ser mujer soltera. Ha declarado a esta cadena que se siente suficientemente fuerte como para poder hacerla feliz sin que le falte de nada.

Todavía no se sabe lo que decidirán los jueces ante este acto tan salvaje, y al mismo tiempo, dramático. Lo más importante en este momento es que la vida del bebé no corre ningún peligro.

En aquella ocasión, Isha había prestado atención a la noticia del telediario y un remolino de dudas estalló en su interior. Por primera vez empezaba a necesitar algunas aclaraciones.

—Mamá, ¿todos los bebés salen de la barriga de una mujer?

—Sí… Claro —Sara buscaba la mejor respuesta.

—A mí…, antes de que me llevaran a Hyderabad, ¿me encontraron en la basura?

—No, tesoro, a ti nadie te dejó en la basura.

—¿Por qué a mí no me dejaron escoger? Yo hubiera querido salir de tu barriga —se lamentó Isha.

—Pero si ya lo sabes de sobra, mi amor; ya sabes que te fuimos a buscar a la India y que saliste de mi corazón. Tú eres una hija muy muy deseada.

—Ya…, y que vinimos en avión y todo eso… Pero me habría gustado más venir de la India dentro de tu barriga, igual que otras niñas han estado en las de sus madres.

—Vamos a ver… ¿Qué te preocupa, cariño?

—¿Papá y tú me fuisteis a buscar porque nadie quería cuidarme? ¿De qué mujer nací yo? ¿Y si vienen a buscarme? Un día te escuché que le decías al abuelo Luis que había que mandar informes a la India y que tenías miedo de que se me llevasen.

—No, Isha, nadie te va a separar nunca de nosotros. Y a ti siempre te han querido.

—¿La mujer que me tenía en la barriga también?

—¡Por supuesto! Esa mujer también te quería.

—¿Dónde está ahora? No quiero que venga a buscarme.

—No te preocupes —Sara echó mano de una leyenda que pasó a formar parte de la propia historia de Isha—. Aquella señora te amaba muchísimo. Era una buena mujer, por eso renunció a ti y te dejó en Hyderabad. Así nosotros pudimos ir allí a buscarte. Ella tuvo que marcharse con Yama.

—¿Yama?

—Sí... Un poderosísimo guía indio, hijo del Sol, que conoce los caminos que llevan a otras vidas diferentes... Vive en un palacio en el cielo. Se la llevó en un carruaje precioso tirado por docenas de fuertes búfalos. Por cierto, este rey es tan presumido como tú; lleva corona, una bonita flor en el pelo, tiene la piel verde como los lagartos y le gusta vestir de color rojo. Allí, en el reino de la luz, esa mujer está eternamente feliz.

—¡Pero yo no quiero ir allí!

—¿Y quién te ha dicho a ti que yo lo iba a permitir? —Sara se estremecía, como si le arrancaran los brazos, sólo con imaginárselo.

Hace ya tiempo que Isha está preocupada por sus orígenes. Hoy no ha sido, precisamente, un buen día. El comentario de Marta negando la autenticidad de su madre ha provocado un nuevo desasosiego.

Ahora, ya con el pijama puesto, aguarda a que su padre entre en la habitación para poder reclamarle: «¡Papá, cuéntame mi cuento!»

Le gusta que le hable del elefante indio —ya sabe que es un poquito más pequeño que el africano—, del tigre de Bengala y de Sunderband, el hábitat natural de esos felinos, de sus viajes de una isla a otra cuando sube la marea…

—¡Los tigres de Bengala beben agua salada y atacan por detrás! Por eso los pescadores se ponen máscaras en la espalda. Así los engañan… —presume Isha delante de los amigos—. Los hombres cortaron su techo de árboles y ellos se volvieron malos. La India es su paraíso.

Su padre le habla de las montañas más altas del mundo, de los ríos sagrados, del minitrén que serpentea por los bosques de árboles gigantes, reptando por los hermosos acantilados como una culebra gigante. Le

habla de los valles mágicos, de las casas flotantes, de las fortalezas, de los templos maravillosos, de los sultanes, del olor a algodón y a *yute,* de las plantaciones de mijo y arroz, de los lagos, del golfo de Bengala, del mar de Arabia, del océano Índico...

Pero lo que a ella le gusta más, desde muy pequeña, es que coja el globo terráqueo, que hace de lámpara, y señale en él un lugar concreto, con forma de corazón, que está más poblado que Europa entera. Y, dentro de ese corazón, un punto que se llama Hyderabad. Y, en ese punto, un puntito visible tan sólo en su imaginación: Vijayapuri.

César acaba de entrar en su habitación, y así, sentado en su cama, va desgranando, como si se tratase de una espiga de maíz, ese cuento suyo...

3
Isha era el brote de una flor

EN un lugar muy hermoso del centro-sur de la India, llamado Vijayapuri la Nueva, muy cerca de un inmenso lago, vivía una mujer viuda, tan pobre como buena y hermosa.

Bajo las aguas del lago duerme eternamente otra vieja Vijayapuri.

La mujer tuvo una niña. Isha fue su nombre. Era tan pequeña que cabía en la palma de una mano, y tan bonita y risueña como un cascabel de ámbar. La mujer la quiso muchísimo pero, a pesar de ello, tuvo que marcharse con Yama a su palacio del cielo. Estaba tan débil que no la podía cuidar, y no quiso llevarla consigo. Isha nació y la mujer abrió generosa su mano. Le dio un beso y se fue. La niña dormía plácidamente.

—Ya sé lo que me quieres decir con eso, papá; pero me gusta cómo me lo cuentas.

ISHA enseguida llamó la atención de Buda, un gigante sabio y bondadoso que vivía en una isla que ocupaba el centro del lago. Su gran mansión estaba en la cima de la montaña que besa el cielo.

Cada día el gigante recorría la India para cumplir los sueños y los deseos de las niñas y los niños hindúes y, sobre todo, para protegerlos de cualquier peligro. Así fue como supo que Isha era el brote de una flor que necesitaba ayuda. Salió de su gran casa y, en dos zancadas, estuvo al lado de aquella niña de pelo tan negro que resplandecía como una antorcha. Con cuidado, para no hacerle daño con sus fuertes dedos, la cogió y la colocó en la palma de su mano. Allí, Isha parecía un puntito de luz.

—¿Sabes, papá? Me gustaría que hubiera sido exactamente así…

—Crecer tiene ventajas… Pero también hace que duela algo más que los huesos.

BUDA atravesó plantaciones de arroz, de caña de azúcar, ríos… Los cabellos de la niña, acariciados por el viento, la convertían en una diosa diminuta. Otros dioses indios, montados en sus vehículos sagrados, les abrían paso. Indra, en su elefante Airavata, apartó una nube que estaba a punto de descargar toda su agua sobre aquella enorme mano; Shiva, en el toro Nandi, volaba a su lado para proteger a Isha del viento; Yama, en su búfalo…

—Ése es el que tenía un palacio en el cielo —interrumpe Isha.

César afirma con un gesto y prosigue...

DURGA cambiaba continuamente del león al tigre para anunciar a los pájaros pequeños que debían apartarse del camino; Agni, en su macho cabrío, iba recomponiendo las plantas que, sin querer, aplastaba Buda a su paso; Ganesha, sobre una rata...

—¡Yo no querría ser Ganesha por nada del mundo! Las ratas me dan miedo —vuelve a cortar el relato Isha—. Me parece que pueden subírseme por las piernas.

—Pero volar..., sí. ¿O no te gustaría volar?

—¡Mucho! Algunas veces siento que voy por el aire de verdad, yo soy un águila. La abuela Mercedes dice que los años son como unas tijeras que nos van cortando las alas...

¿Tú sientes las alas, papá?

—Algunas veces…, ¡hasta soy un avión!

—¡Pues llévame enseguida a Hyderabad! —ríe cómplice.

EN escasos minutos llegaron a Hyderabad, a unos 150 kilómetros de Vijayapuri, entre los ríos Godavari y Krisma.

En esa hermosa ciudad hay una casa blanca conocida como Balika Nilayam. Allí llevan a los bebés que son tan livianos como colibríes. Y en esa casa grande de jardín pequeño, abrió sus enormes ojos negros la niña.

Por temor a que volviera a padecer de nuevo las fiebres que había sufrido al nacer, no le permitían salir, ni siquiera al jardín.

Allí, en el orfanato —que así llamaban a la casa de Balika Nilayam—, transcurrían los días de Isha, de Madhavi, de Manohar, de Pratima, de Payel… Y de tantos niños y niñas que, como ella, nunca salían de la casa blanca. Pero, a pesar de ello, estaban contentos.

Isha crecía bella y graciosa como una ardilla.

—Habla claro, papá. Lo que quieres decir es que crecía poco.

—¡Silencio! No se puede detener una historia con comentarios —protesta César fingiéndose autoritario.

EN la misma ciudad de Hyderabad hay un hermoso lago artificial, el lago Hussain Sagar. El gigante decidió pasar allí la mayor parte del tiempo para poder estar cerca de Isha.

Algunas veces se cansaba de hacer de estatua monolítica en medio del lago y salía a estirar las piernas, dándose un paseo por todo el mundo. Le gustaba visitar las tribus himalayas en las que las mujeres, las hermosas *karhis*, eran independientes y tenían los mismos derechos que los hombres. Atravesaba el desierto de Thar y sus grandes dunas; la ciudad azul de Jodhpur; tenía mucho cuidado de no pisar los templos de Ranakpur; saltaba sobre la ciudad rosa de Jaipur; cruzaba mares, estrechos, pantanos, desiertos, golfos, océanos, islas y continentes... De todas partes, traía deliciosas historias que, con verdadera devoción, iba recogiendo. Cada noche se las susurraba a los pequeños habitantes de la casa blanca.

Bueno..., no se las contaba todas, Buda no quería herir su sensibilidad. Él sabía bien que sus enormes brazos no servían para dar cobijo a unos cuerpos tan pequeños.

—Papá, que ya tengo diez años —protesta Isha.

César añade algo más a esta nueva versión:

EL gigante no quería hablarles de los ritos matutinos que él mismo había presenciado en los *ghats* de Varanasi, a orillas del río sagrado Ganges. Allí acuden miles de peregrinos para lavar sus pecados, algunas veces al lado de una vaca putrefacta que flota en las aguas.

—¡Puaaaggggg!

—¿Ves? Ya te lo había advertido.

—No me hagas caso, papá, que me tapo la nariz. Tú cuenta.

EL gigante no quería narrarles aquella escena que a él mismo le había producido escalofríos, cuando dos cadáveres flotaban al otro lado del río. Los dos habían sido víctimas de la mordedura de una serpiente. Los habían lanzado al río para que el poderoso Ganges decidiera si debían ahogarse o por el contrario salvarse.

Al propio Buda le pareció una solución

monstruosa y procuró volver a menudo por Varanasi para tratar de salvar a cuantos infelices pudiera. El río agradecido envió un hermoso delfín que rompió la piel del agua con su aleta curva e hizo una simpática filigrana en el aire. Y el gigante aprovechó la oscuridad de la noche para bañarse en aquella agua sagrada —la Gran Madre— que brotó de los cabellos de Shiva, allá en Gangotri, una cueva con forma de cabeza de vaca.

—A mí me gustaría ir por el mar montada en un delfín..., y que Marta me viera...

—Olvídate de ella, a lo mejor ya está arrepentida de la tontería que te dijo.

4
Isha atraviesa las paredes de la casa blanca

LAS historias que le contaba el gigante hacían que una parte de Isha atravesara las paredes de Balika Nilayam y se paseara por toda la India en diferentes ocasiones.

Ella, junto con Pratima y Manohar, viajaba en el lomo de un elefante que, con lentos balanceos de reposado avance, los llevaba tras una larguísima fila de paquidermos... Todos majestuosos, con sus colmillos de marfil.

—¡Qué grima que se los arranquen!, ¿verdad? —Isha se lleva la mano a la boca.

—¿Sólo grima? ¡Una barbaridad! —sentencia su padre.

LA comitiva se dirigía a Amber, la antigua capital de Rajastán. Pretendía llegar a una imponente fortificación que se eleva sobre una colina rocosa, junto a un lago.

—¡Cuántos lagos hay en la India!
—Hay muchos, sí…

MIENTRAS la fila de Isha ascendía, otra fila de elefantes bajaba con su marcha ondulante y lenta. Una manada de tigres atravesó la cordillera del fabuloso Himalaya para verlos pasar desde la distancia.

—¿Es cierto que no se acercan más porque les tienen miedo?

—Sí, es cierto.

—¡Pero si los tigres pueden ganar a los elefantes!

—Ya, pero si miden la audacia por el tamaño...

—¡Pues qué tontos!

—Lo mismo que algunas personas...

—Ya sé por qué lo dices, papá; pero a mí me gustaría ser un poco más alta.

—¿Y quién te ha dicho que tú ya has dejado de crecer?

ISHA, maravillada, miraba a todos lados: arriba, las murallas cada vez más cerca; abajo, unos hermosos jardines flotaban en las aguas entre los pelícanos grises y los flamencos. A ambos lados del camino los árboles abrían su ramaje para que una multitud de monos saludasen a los viajeros con las posturas más divertidas. Isha no pudo evitar echarse a reír a carcajadas, con lo que se despertó justo antes de llegar a la entrada principal del palacio, dejando al dios elefante Ganesha, que esperaba en la puerta, con el saludo retenido en la trompa. Tampoco pudo ver su propia imagen reflejada en las múltiples lunas incrustadas en las paredes del Palacio de los Espejos, que así es como llaman al templo de Amber.

En otra ocasión, Isha volvió a salir de Balika Nilayam, entró por el mar de Arabia y, en la palma de la mano del gigante, llegó a Limbudi. Entre los dedos índice y corazón, Buda dejaba una rendija que a ella le servía de mirador, desde el que pudo contemplar fabulosas cúpulas y vacas cebúes paseándose libres por los mercados. Buda le hablaba de los orígenes de los privilegios de que gozan las vacas. Lo hacía con un suave murmullo. No quería romperle los tímpanos con su potente chorro de voz:

Prithu era un príncipe muy hermoso que amaba mucho a su pueblo. Cuando se convirtió en rey, se dio cuenta de que la Tierra no daba frutos y había mucha miseria.

—Le diré a la Tierra que la voy a matar, así la obligaré a dar frutos —habló muy enfadado.

La Tierra lo escuchó y sintió miedo. Decidió utilizar sus poderes para convertirse en vaca y poder huir.

Prithu, el rey, corrió tras ella. La persiguió por valles y montañas, incluso treparon los dos por una larguísima caña de bambú hasta llegar al cielo...

—¡Papá!, que eso es muy difícil de creer —protesta, divertida, Isha.

—¡Esto es mitología! —exclama, solemne, César—. Y no me cortes el hilo que me pierdo.

—Vale, pero ese... Ya sé que la vaca termina dándole terneros y leche... El de la otra vaca, papá.

—Está bien... El de la otra vaca...

ENTRABA en un mercado el joyero musulmán Mohabat. Llevaba en una mano una bolsa con más de cien diamantes procedentes de las minas de Deccán. El propio joyero, en una noche oscura, se había acercado hasta el fuerte de Golconda. Sabía que allí se guardaban los mejores diamantes del mundo. ¡Robó todos los que pudo!

Por el mismo mercado deambulaba libremente una vaca pintada con colores llamativos. En un descuido del joyero, la bolsa de los diamantes se le cayó al suelo y la vaca, creyendo que era un rico fruto, se la tragó. Mohabat se fue rápidamente en busca del dueño del inocente animal; quien, por cierto, consideraba a la vaca como un miembro más de su familia.

—Permítame abrirle el estómago a esta vaca. Se ha comido de un bocado todos los diamantes que yo he ido adquiriendo con mi esfuerzo a lo largo de los años —le mintió.

—¿Y usted quiere arriesgar su vida? Mire usted, lo único que le permito es que vigile sus excrementos. Y ¡ojo!, devuélvamelos, que son de mi exclusiva propiedad; y buena falta que me hacen para revestir las paredes de la casa y evitar que haga tanto calor. Y, si me sobran, los utilizo como combustible, para hacer el *alu chole* con guisantes y patatas de mi cosecha —y aclaró más—: Y si todavía me sobran, prefiero dárselos a quien los necesite.

El joyero no podía creérselo:

—Y dice usted que debo esperar a que la vaca tenga ganas de... de hacer sus necesidades. Y espera que busque en esa... en esa ensaimada que...

—¡Y dé gracias de que formen parte de los excrementos! Si los diamantes fueran vitaminas, la vaca los aprovecharía —y añadió incrédulo—: ¡Mira que querer matar a la madre de la vida!

—Lo que no comprendo es cómo la tiene en tanta estima cuando, si usted utilizase su carne, no estaría tan muerto de hambre —razonó el joyero.

—¡Qué sacrilegio! Es cierto que soy un campesino humilde, pero siempre tengo algo que llevarme a la boca. Y si no tengo más es… ¡porque unos pocos lo acaparan todo!, no por culpa de la vaca. ¡Es usted un ignorante asesino de vacas! Yo respeto que usted no coma cerdo —y varió el tono de voz—. Si se me muere el buey de tiro, ¿eh? ¿Cómo lo sustituyo si no es con un hijo de mi vaca? ¿O es que quiere verme convertido en un hombre caballo el resto de mi vida?

El campesino se refería a esos esclavos que abundan sobre todo en Calcuta, los *rickshawalla*, que se pasan la vida ejerciendo de bestias.

—¿Es eso cierto, papá?

—Ojalá fuera mentira. Son hombres de manos esqueléticas y pies descalzos, que tiran y tiran de los carruajes, llenos de pasajeros, hasta la extenuación.

—¡NO! No quiero estar a los cuarenta años como si tuviera ochenta —protestó convencido el labriego.

Así fue como el campesino le exigió al joyero que adornase a la vaca con una diadema de flores para la ceremonia anual de adoración y que se limitase a estar pegado a sus partes traseras. Cuando el animal levantaba el rabo y expulsaba esa especie de pastel verdoso, el joyero buscaba allí con avidez antes de que se secase y fuera imposible la inspección.

Los días pasaban y Mohabat sólo había recuperado cuatro diamantes, por lo que calculó que debería pasar el resto de su vida revolviendo en los excrementos de la vaca, buscando entre la papilla espesa y hedionda aquellos puntos brillantes. Con el calor, la ensaimada de la *mimú* sagrada se volvía puro cemento. Entonces tenía que llevarla en un cubo a su casa y meterla en agua para que se ablandase. El joyero parecía un buscador de pepitas de oro en un río asqueroso.

Cada día un delegado del gobierno hindú vigilaba a aquella vaca cebú para comprobar que seguía en perfectas condiciones.

Mohabat comenzó a ver a aquel mamífero como un ser mágico habitado por una divinidad. Llegó a recoger el... el agua que la vaca expulsaba, también por debajo del rabo, para lavarse con ella y borrar así su grave codicia.

Cuando el gigante del lago le contaba esas historias, Isha acababa riéndose a carcajadas, pero no siempre era así...

5
Isha es como Saphari, el pececito

ISHA no era completamente feliz en Bali-ka Nilayam. Poco después de haber cumplido su primer año de vida había empezado a tener pesadillas nocturnas y se despertaba desasosegada.

—¡No debimos haberles permitido ver a la niña! —se lamentaba la señora Khan, la cuidadora.

Las lágrimas que humedecían cada noche la cabecera de la cama de Isha eran silenciosas, pero no por eso dolían menos. Se imaginaba unas manos del color del pan indio, el *chapati*, que tiempo atrás le habían hecho caricias que la estremecían y relajaban. Soñaba con un agradable olor a agua de luna y con una voz que le soplaba en el cuello brisas cálidas.

Nunca más había vuelto a experimentar esas sensaciones tan agradables en los pies, en los brazos, en las manos, en el pecho, en la cara…

—Yo me sentía como aquel pez pequeño del que me había hablado el gigante. Me parecía que estaba dentro de una urna de cristal…

ISHA se sentía recluída, lo mismo que Saphari —que así se llamaba el pececito arrancado del río—. Todo lo que podía ver desde las altas ventanas de la casa blanca de Balika Nilayam era el sol, la luna, la lluvia, las estrellas, las nubes…, que se le antojaban frutas de árboles de las que hablaba Buda. Sabía que hasta que no cumpliese los cinco años no podría salir de aquella casa. Sólo cuando empezaban a ir a la escuela, atravesaban la puerta que daba a la calle.

—Y también cuando iba con el gigante —reivindica Isha con complicidad.

—Y también cuando iba con el gigante —corrobora su padre.

LAS paredes de Balika Nilayam le resultaban pequeñas para guardar tantos sueños. Ésa era la verdadera razón de que, de vez en cuando, se convirtieran en pesadillas. Ella, como el pequeño pez, soñaba con alcanzar un mar que desconocía.

Y, como Saphari, el pececito, Isha iba creciendo…

—¡Pues soy de las más bajas de mi clase! —exclama en tono mimoso.

ISHA crecía —aunque ella no se diera cuenta—. Pronto iría al colegio. Sólo le faltaban unos meses para acompañar a sus sueños y salir de la urna blanca de Balika Nilayam.

Su amiga Pratima ya iba a la escuela y le hablaba con fascinación de sus recientes descubrimientos:

—He visto serpientes pequeñas, pero sé que también hay serpientes enormes que llevan dentro de su vientre cientos de personas y las sueltan en cada pueblo. Son más grandes que la cobra real de la que nos habló Buda. Son de hierro y se llaman tren. También hay grandes pájaros de hierro que anidan en Hyderabad.

Isha escuchaba impresionada. Deseaba tanto conocer esas maravillas.

—¿Y has visto a los encantadores de serpientes? ¿Es cierto que las hacen bailar al son de una flauta?

—No, todavía no…, pero la profesora dice que lo que hace que las serpientes se levan-

ten del cesto no es el ritmo de la música, sino el aire fresco que sale por los agujeritos de la flauta.

—¡Anda! Antes no me lo contabas así —le reprocha Isha.

—Es que ahora estoy aprendiendo muchas cosas. Por Navidades...

—Por Navidades..., ¿qué?

—¡Volveremos los tres a la India! Y tú, pitufa, tendrás tus propios recuerdos...

—¡Venga, papá! Sigue con lo de las serpientes...

EN la aldea de Molarband, cerca de Delhi, vivía el encantador de serpientes más pequeño del mundo. Se llamaba Gora. Gora aguardaba la época del monzón para ir a la caza de serpientes. Sabía que el tiempo de las intensas lluvias era el mejor para pillarlas desprevenidas. Pertenecía a la tribu de los Nath, que es lo mismo que decir que había nacido intrépido, rápido de reflejos y prudente; preparado para ir a la caza de la víbora. Sabía por dónde había que agarrarlas para que no le clavasen el diente venenoso en su oscura piel. Sus antepasados habían comido carne de serpiente y habían bebido su veneno, por eso él, como descendiente de los Nath, sabía tratar con ellas. No necesitaba arrancarles los dientes ni sacarles el veneno como hacían los encantadores vulgares. Gora, al finalizar cada temporada de actuaciones, las dejaba en libertad.

Y allá, entre los meses de junio y septiembre, se lanzaba de nuevo a la caza de las más formidables. Cada año tenía suficiente con dos o tres, que domesticaba para poder ganarse la vida. Hacía que bailasen en un espectáculo único, delante de los turistas que se acercaban hasta la antigua muralla de la Vieja Delhi. En una esquina de la avenida,

cerca del Fuerte Rojo, allí se ponía Gora...
En cuanto se escuchaba su insólito y bellísi-
mo silbido, la gente detenía su trasiego habitual. En todo el bulevar la actividad quedaba
paralizada. No necesitaba una flauta. Gora,
acuclillado en perfecto equilibrio, era capaz
de hacer bailar a dos o incluso tres serpientes al mismo tiempo. Donde él estuviera, los
demás encantadores de serpientes no tenían
nada que hacer.

6

Isha visita a Vishnú,
el señor de la montaña

CUANDO Pratima volvía de la escuela, Isha la esperaba con alguna pregunta:

—¿Has visto los elefantes?

—¡¡Sí!! —aseguraba pletórica su amiga—, y cebúes, y vacas, y camellos, y cabras... Y cuando sea mayor y haya juntado suficientes rupias, haré un viaje a la ciudad de Agra para ver el Taj Mahal. Está hecho con piedras de amor.

—¿De amor?

—Sí... Fue un emperador mongol quien mandó que lo construyeran en la orilla derecha del río Yamuna para regalárselo a su esposa Mahal, que ya había muerto. Cuando brilla el sol, se transforma en un pez gigante de mármol blanco que salta en la cresta de una ola y, cuando está nublado, se convierte en una nube que flota entre las otras nubes grises.

—¿Y me llevarás contigo?

—Claro, tú también... Y podremos ir en la gran serpiente de hierro hasta Tirupati...

—¿Tirupati? —Isha se sorprendía.

Su amiga se había convertido en ese Saphari, ya grande, que nadaba en aguas más libres.

—¿Qué es Tirupati? —insistió.

—Es la ciudad en la que está el templo de Tirumalai. Allí, muy cerca, vive Vishnú, el señor supremo de la montaña. Se le pueden pedir cosas... Pero hay que ir andando y llevarle el propio cabello. Cada día llegan allí columnas de gente de toda la India.

—¿Y para qué quiere el señor de la montaña tanto pelo? —insistió Isha.

—Manda hacer pelucas y las vende para ayudar a los pobres. ¡El señor de Tirumalai es el más rico del mundo!

Cada día Pratima le contaba cosas de Hyderabad y de toda la India, que eran para Isha como decir de todo el universo.

—Hoy nos han llevado a Charminar, el de los cuatro minaretes…

—¿Minaretes?

—Un día tú también irás a Charminar y subirás las escaleras de caracol de uno de sus minaretes.

Isha se imaginaba que desde aquella torre podría tocar las estrellas, la luna, las nubes…, y todo lo que veía desde las ventanas de la casa blanca.

—¡Desde allí se ve el mundo entero! —le había explicado Pratima.

—¿A qué huele el mundo? —preguntaba Isha con aquellos ojos cautivadores.

—No es necesario que los abras tanto, ¡presumida! —se ríe César ante el gesto de Isha.

—EL mundo huele a..., a incienso, a jazmín, a sudor, a libros, a canela, a sándalo, a menta, a pimienta, a eucalipto, a mango, a...

En la memoria inconsciente de Isha continuaba aquel olor a agua de luna... Deseaba tanto recuperarlo... Y tuvo una idea: ¿por qué no pedírselo al señor supremo de la montaña?

El médico que cada mes visitaba la casa de Balika Nilayam, el cocinero, la cuidadora..., ninguno de ellos se sentía inclinado a darles afecto a aquellos peces sin mar. No decían palabras de esas que hacen cosquillas en el pecho, no olían a agua de luna, pero en diferentes ocasiones le habían asegurado que su cabello negro era tan bonito que la hacía dulcemente hermosa.

En una apacible noche de diciembre, mientras la casa entera dormía, Isha fue a la cocina, cogió unas tijeras y, a tientas, decidió desprenderse de su más preciado tesoro. A ras del cuero cabelludo, fue cortando mechones de pelo que iba amontonando en una pequeña caja de cartón. Descalza y con la caja de los cabellos abrazada contra su pecho, como si en ella guardase las cenizas del ser más querido, se dispuso a emprender el viaje al templo de Tirumalai.

Sabía que una de las puertas tenía estropeada la cerradura; desde hacía dos noches estaba atrancada con un tronco. Pratima le había dicho que ésa era la barrera que las separaba del mundo. Con calculada lentitud dejó la caja en el suelo, retiró el tronco y volvio a coger la caja. Una varita de *agarbatti* se iba quemando lentamente, como una vela, mientras desprendía un aroma a incienso y una débil luz que le permitía avanzar. ¡Pero sólo daba a otra habitación desconocida! Pratima se había equivocado.

Isha siguió buscando la puerta mágica. Ignoraba en qué mes estaban, y le daba igual que la pillase fuera, en el mar…, la época de los monzones. Ella sólo conocía esas intensas lluvias desde dentro y no la asustaban. El repiqueteo agudo del agua al chocar con fuerza contra los cristales le sonaba a sinfonía de fiesta. De todas maneras, en Hyderabad, no era probable que el monzón llegase en diciembre.

Mientras buscaba una salida, iba pensando en la conversación que mantendría con el señor de la montaña…

—Te traigo mi cabello para que me devuelvas un aroma de jazmín y agua de luna, y una voz de brisa cantarina que me haga cosquillas en el cuello…

Isha sigue emocionándose con esta parte y la recita de memoria. Su padre continúa:

—Y TAMBIÉN quiero recuperar unas manos color de pan...

—¿Adónde te crees que vas por este pasillo a semejantes horas, Isha? ¿Te has vuelto loca? —Isha imita ahora la voz de la señora Khan, tal y como se la imagina.

EL tono interrogante de la cuidadora sorprendió tanto a Isha que dejó caer la caja. De inmediato se encendió la luz y aquella mujer volvió a hablar con ojos de espanto.

—¡Pareces un erizo! ¿Qué le has hecho a tu pelo?

—Voy a la casa de Vishnú para... —ahora era Isha la que se asustaba de la cara de susto de la señora Khan.

—¡Tú te has vuelto loca, Isha! ¿Qué has hecho, criatura? ¿Cómo justifico yo el horrible aspecto que tienes? —Isha abrió sus enor-

mes ojos de anguila atemorizada. La cuidadora continuó—: Pensarán que eres un miembro desertor de los Dasaralu, o de cualquier
otra tribu nómada del Telugu. Eso es lo que
has hecho, Isha. ¿Quieres ir de puerta en
puerta con el cantar de la balada alabando
las glorias de otros? ¡Qué desastre!

Isha no entendía la magnitud de aquellos
lamentos...

—Aún no había cumplido cinco años...

AÚN no había cumplido cinco años, pero
volvió a pensar en Saphari, el pequeño pez.
Entonces se echó a llorar. Y el corazón de la
cuidadora se ablandó, aunque procuró disimu-
larlo. Sabía que, muy pronto, Isha desaparece-
ría de su vida. Eso, en el fondo, la entristecía.

La señora Khan la tomó de la mano y la
llevó de vuelta al dormitorio.

7
Sara y César quieren ser la princesa de Egipto

MUY lejos de Balika Nilayam y de la ciudad de Hyderabad, a miles de kilómetros de la India, vivían un hombre y una mujer que poseían todo para ser felices: gozaban de extraordinaria salud, tenían estupendas amistades…, y contaban con una bonita casa en una privilegiada colina. Desde los balcones que daban al oeste, podían contemplar a lo lejos cómo un sol naranja se ponía lentamente en el regazo de un mar con traje de nácar y, desde la terraza del este, veían crecer los frutales que ellos mismos habían plantado.

La casa estaba en Galicia, donde el océano Atlántico se transforma en rías que lamen suavemente los pies de la costa. Exactamente donde una de esas rías se vuelve río y rodea una bonita ciudad, Pontevedra.

Ella le hacía a él regalos de mujer enamorada: instrumentos musicales, pinceles, lienzos, acuarelas, aceites, óleos… Era pintor, y también aficionado a la música. Él le hacía a ella regalos de hombre enamorado: pañuelos de seda, semillas de flores y libros que guardaban en su interior hermosas historias de diferentes pueblos y culturas. Era profesora en un instituto.

Pero, tanto Sara —que así se llamaba ella—, como César —que así se llamaba él— no eran felices del todo. César y Sara no tenían hijos. A pesar del amor que se tenían, les sobraba cariño para regalarlo.

Juntos fueron al médico para ver si sus cuerpos tenían algún problema.

—Están ustedes como un toro —les aseguró el doctor.

—Entonces..., ¿por qué no tenemos hijos? —quiso saber él.

—La naturaleza, en muchas ocasiones, supera nuestra inteligencia. Además..., quién sabe si les depara algo mejor —opinó el doctor.

Sara y César salieron a caminar por las orillas del río Lérez. Se cruzaban con otra gente que también disfrutaba del paisaje: un hombre empujaba un cochecito de bebé; una mujer les decía palabras dulces al bebé y al hombre...

Sara miró el río y, como si se lo pidiera a él directamente, dijo:

—Me gustaría ser hija de un faraón egipcio.

—¿Por qué? —se sorprendió César de ese insólito deseo.

—Para ver bajar por el río Lérez una cestita de mimbre recubierta de pez, poder acercarme, recogerla y rescatar al niño que viene dentro...

Y los dos anhelaron ser la princesa de Egipto.

Aquel atardecer, después del paseo, César quiso ir a su estudio, y allí permaneció hasta altas horas de la madrugada. Hacía tiempo que no pintaba con tanta fuerza. Estaba inspirado. Su mano parecía guiada por un poder sobrenatural. Delicadas y expresivas miniaturas con figuras humanas, animales, cunas floridas, los colores de la lluvia… comenzaron a componer un paisaje sugestivo. Vital.

Aquel cuadro respiraba.

—¡Papá, no exageres! A mí también me gusta muchísimo, pero eso de que respira…

—Es una manera metafórica de hablar, niña melindrosa —se justifica César.

SARA se metió en su cuarto de trabajo y allí, cerca de la ventana que da a la ría, al mar, al infinito... se puso a escribir al dictado de su corazón:

Te veo venir,
ángel con alas de amar.
Y voy hacia ti
saltando crestas del mar.

Jugando las nubes
dibujan tu cara linda.
Y en mi pecho brota
una rosa de la India.

En ti está la fuerza
de mil semillas de besos.
Y aquí yo los siembro
entre una luna y un verso.

Hoy sé que me llamas,
puedo sentir tu señal.
Y espero con ansia
tu dulce risa de sal...

—Y yo aquí…
Viéndote…
Sembrándote…
Llamándote…
¡Me lo sé entero, papá!

8
Sara y César se convierten en sardinas a la brasa

EL gigante del lago pasó aquella misma noche por Pontevedra. Y se detuvo. Podría haber atravesado la ciudad de una sola zancada, de puente a puente; pero algo llamó su atención en una colina, cerca de un río: una casa. En una habitación, un hombre pintaba un sueño con colores alegres. En otro cuarto, una mujer escribía otro sueño. El hombre y la mujer se fueron juntos a la cama pensando en lo mismo: los dos anhelaban tener un hijo.

Buda supo que aquel deseo era muy fuerte. Con sus dedos grandes, abrió sin hacer ruido las dos hojas de la ventana. Puso su boca en el agujero y, entre murmullos, les habló de algo que nadie más supo nunca.

—¿Qué les dijo, papá? Anda, dímelo…
César se encogió de hombros, simulando estar al margen de aquel misterio.

LA brisa entró en el aposento y movió las cortinas, que jugaron a ser alas de mariposa gigante y rozaron el rostro de Sara. Se despertó. Buda se dio cuenta y se fue antes de volver a poner la ventana en su sitio. Sara se levantó para cerrarla sin reparar en lo raro de todo aquello. César también se despertó.
—¡Podíamos probar si en la India…!
—exclamaron los dos a la vez.
Y los dos estuvieron de acuerdo.
Entonces empezaron a preparar todo lo necesario para poder cumplir el sueño. César y Sara estaban más contentos. Pero, con

todo, fue una época de mucho trabajo para ambos.

Fue necesario hablar con mucha gente y someterse a un interrogatorio incómodo que, algunas veces, les teñía las mejillas con los colores de la vergüenza.

A César le preguntaban:

—¿Por qué es pintor? ¿Es eso lo que quería ser? ¿Cuánto dinero gana? ¿Quién hace la compra en su casa? ¿De qué equipo es? ¿Insulta al árbitro? ¿Qué hace cuando gana? ¿Bebe para celebrarlo? ¿Qué hace cuando pierde? ¿Llora? ¿Bebe cerveza? ¿Se ducha todos los días? ¿Le ha pegado a alguien alguna vez? ¿Está enamorado de su mujer? ¿Qué hace cuando escucha llorar a un niño? ¿Ha estado alguna vez preso en la cárcel?…

A Sara también le hicieron preguntas incómodas:

—¿Cuántos novios ha tenido? ¿Qué es ser una buena madre? ¿Cómo es César? ¿A qué hora se acuesta usted? ¿Ve mucho la tele?

¿Lee? ¿Qué lee? ¿Ha matado a alguien? ¿Discute a menudo con César? ¿Cuál es la comida que más le gusta? ¿Qué es lo que más la divierte? ¿Por qué quiere adoptar un niño?…

Tanto a Sara como a César, las cosas les parecían mucho más sencillas: querían un hijo para llenarlo de afectos, querían un hijo porque les sobraba amor para regalárselo. Pero debían respetar las normas, y eso fue lo que hicieron.

Los meses de espera se convertían en caracoles atravesando Europa entera.

Sara llegó a casa fatigada. No había tenido un buen día en el instituto a causa de los inoportunos comentarios de un alumno…

—Lo mismo que me ha pasado hoy a mí.
—Lo mismo que te ha pasado a ti.

POR el contrario, César le abrió la puerta lleno de júbilo.

—¡Ha llegado! ¡Ya tenemos el certificado de idoneidad!

Sara cerró los ojos, respiró hondo y se sentó en una silla. La emoción había hecho que le flaqueasen las piernas. Esa carta significaba que tanto el gobierno indio como el español estaban de acuerdo en que eran personas idóneas para ejercer de padre y de madre.

Los trámites empezaron a ir más deprisa. No tardaron en saber cuál era el orfanato en el que se encontraba su expediente. Sara se lo dijo a todo el mundo:

—Ya sabemos dónde está nuestro niño. El orfanato se llama Balika Nilayam.

—No vuelvas a llamarlo orfanato, papá —protesta Isha poniéndose seria.

—¿Por qué, pitufa?

—Porque no me gusta. ¡Venga, sigue!

EL padre también se lo dijo a todo el mundo.

—Papá, lo estás contando fatal. Todavía no erais mis padres.

CÉSAR también se lo dijo a todo el mundo:
—Esa casa a la que tenemos que ir a buscarla...

—¡Jo, papá, todavía no sabíais que era yo! ¡Podía ser un niño!
—Yo siempre pensé en ti, niña exigente, incluso antes de que nacieras, pero vale...

—ESA casa a la que tenemos que ir a buscarlo o a buscarla está en Hyderabad —dijo César.

Desde aquel día ya no eran sólo César y Sara los que querían aprender cosas de la India. El padre y la madre de César, la madre de Sara, los amigos... también buscaban en el mapa.

—Tiene forma de corazón —Sara fue la primera en darse cuenta de que la India, en el sur de Asia, aparecía en el mapa con forma de corazón.

—Y cuando yo llegué, también me señalabas en el mapa el sitio al que habíais ido a buscarme —se ríe Isha—. Y cuando veía un mapa en cualquier sitio, yo decía «¡un India!»

TODOS empezaron a preparar la bienvenida al nuevo miembro de la familia. El abuelo Luis se puso a hacer una cuna en su taller de carpintería. La abuela Mercedes bor-

daba una colcha con las medidas de la cuna.
La abuela Rosa, que vivía en Asturias, le tejía
jerséis para el invierno. Esas cosas ponían
nerviosos a Sara y a César.

—Todavía no tenemos ni la preasignación
—protestaban.

Que era como decir que todavía no había
niño. Pero ellos, en realidad, estaban igual
de obsesionados. Le hacían monerías a cualquier bebé que pasaba en su cochecito. Empezaron a mirar fotografías de niños indios.
«¿Será como éste?» «¿Tendrá una boca tan
bonita?...»

Su amiga Malós les regaló un libro, *Shantala*, que trataba de masajes para acariciar
con ternura un bebé, hechos por una mujer
del sur de la India, de Kerala.

Se lo aprendieron de memoria.

Lo más absurdo que se les ocurrió hacer
fue tumbarse al sol como sardinas a la brasa. No les gustaba la playa, pero querían
ponerse morenos para que su piel no resul-

tase extraña a ese hijo al que aguardaban con tantas ganas.

Fue entonces cuando César se aficionó a coleccionar los más insólitos instrumentos musicales: un *murali*...

—Es una flauta, papá...
—De acuerdo, una flauta...

SARA pretendía adaptarse un poco a la cocina india, tan desconocida para ella, y acostumbrar al resto de la familia a comer esos platos, a base de invitarlos.

—¿No se os habrán pasado un poquito las lentejas? —comentó el padre de César antes de meterse la segunda cucharada en la boca.

—En la India se hacen así —se justificó Sara—, como un puré. Se llama *dhal*.

César puso en la mesa una carne con una

salsa nueva. La señora Mercedes fue la primera en probarla. De repente salió disparada, con la boca abierta como si acabase de presenciar el más espantoso suceso. Permaneció con la lengua bajo el chorro de agua más de media hora.

—¡Cómo exageras las cosas, papá!
—¡Es cierto, princesa! Aquello picaba a rabiar.

9
Sara y César
descubren un gran país

SARA estaba sentada enfrente de César.
De repente, le hizo una propuesta.

—¡No soporto esta espera! ¿Por qué no
nos vamos a la India?

Así surgió aquel primer viaje.

El miedo de Sara a subirse a los aviones
era terrible.

—¡Mentiroso! —se ríe Isha—. Tú tienes
más miedo que mamá.

LO peor para César era superar el miedo a los aviones…

Entre transbordos y sedantes, llegaron al aeropuerto internacional Indhira Gandhi, y comenzó su primera aventura en Nueva Delhi. Aquel taxista parecía escapado de un videojuego: sorteaba vacas, elefantes, cabras…, vendedores ambulantes, mendigos, hombres que dormitaban como si estuvieran muertos…, y coches que circulaban en sentido contrario por el mismo carril.

—¡Eh, cuidado! —se les escapaba a cada rato.

¡Al fin, el hotel!

—¡Estas toallas están sucias! ¡Cuántos mosquitos! ¡Sólo hay sábana de abajo! —Sara estaba nerviosa y protestaba por todo.

De la mano de un guía recorrieron calles y avenidas, navegaron en barca por el iluminado estanque de la avenida Janpath, pasearon por espléndidos jardines de árboles descomunales…

—Anda…, sáltate eso… —pide Isha mientras juega a seguir los dibujos del *durrie* que tapiza la cabecera de su cama.

POR la Vieja Delhi caminaban tan impresionados que quisieron dar marcha atrás.

Un gato saltó de repente entre las piernas de Sara.

—¡Ay! —gritó al mismo tiempo que derribaba un puesto ambulante.

Y docenas de sapos, de lagartos y de pócimas extrañas saltaron por los aires. El curandero que regentaba el puesto permanecía sentado en el suelo mirándola raro…

En una deteriorada vespa viajaba una familia al completo. Parecía un número de circo. Un autobús los sorprendía circulando en sentido contrario. Sara se tapó la boca y cerró los ojos… ¡No pasó nada! A César las ruedas de una carreta le pasaron por encima de los pies al intentar esquivar a un ciego que avanzaba hacia él… El guía sonreía, parecía formar parte de un complot para torturarlos.

Ni siquiera eran capaces de apreciar la belleza fascinante de los ojos de las mujeres…

Isha vuelve abrir exageradamente sus ojos.

¡TODO el mundo vivía en la calle!
Una jaula con niños vestidos de la misma manera…

—Iban al cole, papá.
—Sí, pero yo no lo sabía.

EL guía no parecía dispuesto a explicar más que aquello que a él le venía en gana.
—Dejen los zapatos y suban estas escaleras, ¡síganme! —les dijo.
Sara metió la mano en la bolsa para coger

unos calcetines y gritó espantada. Y, asustado, saltó del interior un lagarto que desapareció en un abrir y cerrar de ojos.

Un olor a sudor, a sándalo, a flores, a aceite quemado… los iba desconectando de su mundo.

Ya en el santuario los sorprendió la belleza de los espejos y de las pinturas de las paredes… Había un gran gentío. Los fieles entonaban deliciosos cánticos.

—Ahora vamos a entrar en el templo de los sijs —advirtió el guía—. Cúbranse la cabeza con estos fulares. Conviene respetar sus ritos. Si los enfadamos…

La música se deshacía en las paredes como pompas de jabón. Uno de aquellos guerreros se les acercó. Llevaba una daga en la cintura y una lanza en la mano. «¿Qué es lo que hemos hecho mal?», pensaron. El sij les entregó una especie de galleta.

—Cómanla si no quieren tener problemas —sugirió el guía.

Asustados, obedecieron. Tras el primer mordisco desconfiado, reconocieron un sabor dulce. Los sijs en realidad eran gente amable, pero ellos habían contratado un guía excesivamente bromista que no les daba tregua.

Al lado del templo se encontraron con un hospital para aves. Un pavo real con un ala rota y un ganso con una pata entablillada se estaban recuperando.

—Tenemos otros santuarios por toda la India. Unos especializados en tigres, otros en lobos… Si quieren…

—No se preocupe, nosotros vamos a estar muy pocos días… —apuntó César.

—¡Papá, qué cobarde! —le reprochó divertida, Isha.

—Pues anda que el numerito que montaste tú hace unos días por una simple rata muerta… —trata de defenderse César.

—Papá..., es que las ratas... ¡Puag!

—¿Sí?, pues mira, tu madre y yo, en Delhi, estuvimos en el templo de Karni Mata para tratar de encontrar la Rata Blanca de la suerte. Y, nada más atravesar la puerta, lo que nos salió al paso fue un enjambre de roedores, ¡de ratas!, corriendo en todas direcciones por aquel suelo de mármol. Se nos subían a los pies ¡descalzos! Eran miles y miles...

—Papá..., ya estás exagerando otra vez...

—¿Exagerando? Fue así, tal y como te lo cuento. Miles de ratas pasaban por encima de mis dedos corriendo hacia las palanganas con leche que los fieles llenaban cada poco tiempo. Algunas comían del mismo plato que las personas, otras dormían saciadas.

—¡Eso sí que me da asco! ¿No las apartabais con un palo o con algo?

—Ya ves, no podíamos hacer nada. Había que tratarlas bien. Son el vehículo del dios elefante, de Ganesha.

—¡Papá, que ya soy mayor! ¿Cómo una rata va a poder llevar encima un elefante?

—Más bien son sus emisarias. Son historias que el pueblo indio ha sabido inventar mejor que nadie. ¿Sabías que los cuentos indios viajan por todo el mundo desde hace muchos siglos?

—Sí, me lo dijo mamá cuando me contó las historias de *Aladino* y de *Alí Babá*.

—Pues así es. Hay un cuento distinto para contar durante más de mil noches. Pero ésos ya te los leerás tú, o que tu madre siga haciendo de Sherezade cuentacuentos. Yo a lo mío.

DESPUÉS de comprar en una de aquellas tiendas un viejo armónium, Sara y César se acercaron a la estación del tren. Familias enteras se sentaban en el suelo con todas sus pertenencias. Hombres jóvenes con raídas chaquetas llevaban fardos de un lado a otro.

Gritos, murmullos, gente dormida, peregrinos, jóvenes que hacían ejercicio físico, saludos tradicionales juntando las palmas...

—Pedos... —interrumpe Isha, divertida.
—Ventosidades —corrige su padre.

UNOS hombres, vestidos de blanco, subieron al tren y volvieron a bajar enseguida cargados con tarteras. Los *dhaba-wallah* tenían la misión de repartir la comida recién llegada en el tren. La preparaban las propias familias para los oficinistas.

¡Allí cabían todos los pueblos del mundo! Aquella estación parecía una réplica del universo: ropas occidentales, *kurtas* y *langotis* típicos, tan impecables, tan blancos..., rejas que separaban unos compartimentos de otros en los vagones que ocupaban las personas más pobres, cristales sucios en los vagones donde viajaban los más ricos...

—Desde aquí, pueden ustedes coger el tren especial, el Radjam Express, hasta Secundarabad —les aconsejó el guía.

Pero desistieron. A pesar del miedo a los aviones, no se atrevieron a hacer el viaje en tren.

¡Era todo tan impresionante!

A Sara le entraron ganas de ir al baño tan a menudo que se vio en muy serios apuros. Se preocuparon, pues, aunque no se habían olvidado de beber agua y refrescos embotellados..., no se habían puesto ninguna vacuna para prevenir el cólera, el tifus, o cualquier otra epidemia.

Ya en el hotel, el médico le hizo una *gemoterapia*.

—¿Qué? ¡Es la primera vez que escucho eso!

—Le dio un masaje en los brazos y en las

piernas con una piedra esmeralda, eso es lo que significa.

SARA temblaba por el frío que le producía el exceso de aire acondicionado.

—No tiene importancia —aclaró el doctor—. Zumo de lima con agua tibia varias veces al día, una dieta a base de arroz, y lista.

El doctor, veterano en atender a turistas occidentales, sabía que por muchas precauciones que tomasen, no había ningún remedio eficaz contra el impacto emocional que les producía aquel mundo desconocido.

César y Sara decidieron viajar en avión hasta un lugar que les aseguraron tranquilo, Kerala, un prodigio de la naturaleza, surcado por más de cuarenta ríos y numerosos canales. Necesitaban huir de las grandes aglomeraciones, de las tiendas, de los templos…, y hacer las paces con aquella naturaleza exuberante.

—No te preocupes, vamos a ir al mejor hotel, aunque tenga que fregar los platos para poder pagarlo —bromeaba César.

10
Un mirlo de azabache
con pico de fresa

ATERRIZARON en la isla de Willingdon.
A media tarde ya estaban en el fabuloso hotel. Sara salió al balcón. Desde el Taj Malabar, contempló la ciudad antigua de Kochi. Respiró profundamente aquella brisa que le llegaba desde el mar de Arabia. Los primeros mangos de toda la India empezaban a brotar en los frutales de los alrededores.

Antes de acostarse salieron juntos a inspeccionar. Atravesaron el puente Palluruthy, dejando atrás la isla, y esperaron la caída de la tarde navegando en una barca entre los canales.

Y Kerala les regaló un breve, pero maravilloso, atardecer naranja-oro.

—Aquí el sol cae de repente, en vez de ponerse poco a poco —observó Sara.

Los ánimos comenzaban a calmarse... Sara y César asimilaban, al fin, que estaban penetrando en un mundo diferente y que debían evitar comparaciones.

Una mujer, cerca de la orilla, ordeñaba una hembra de búfalo. Otra llevaba agua en un cántaro. César y Sara se sentían transportados a otra época en la que la naturaleza y el ser humano convivían en paz. La vida emergía por todas partes: la gente joven, las grandes flores...

A Sara se le cerraban los ojos, se le caía la cabeza...

Unos lloros llamaron poderosamente su atención. En un lugar recóndito una mujer joven estaba sentada en el suelo haciéndole extraños masajes a un bebé de pocos meses. César detuvo la embarcación y observaron

en silencio para no perturbar la escena. Le masajeaba con energía la planta de los pies, los brazos, el pecho…, sin dejar de mirarlo y de hablarle dulcemente. La piel del bebé brillaba en la distancia. Los llantos se fueron apagando lentamente. La mujer se acostó en la hierba y se puso el bebé sobre su vientre. Después silencio.

Se trataba de Shantala con su hijo Gopal. Un hombre tomaba notas. Era el doctor Frederick Leboyer, que había llegado desde Francia. Dibujaba en un cuaderno manos que acariciaban las orejas de un bebé, manos que acariciaban la espalda, los dedos de los pies… Investigaba acerca de la sabiduría de Shantala para darle energía a su hijo con la piel, la mirada, la respiración, la voz…

—¡Eh, que casi te caes al agua! —bromeó César.

—¿Qué pasa? —se asustó Sara.

—Te has dormido… ¿Soñabas?

—Sí, con Shantala, la del libro. Era de aquí.

Aquella noche César también se desportó sobresaltado por un golpe seco en la cabeza. Algo se movía entre las ropas de la cama.

—¿Quién anda ahí?

La iguana, que les había sido adjudicada para mantener a raya a los mosquitos, corría ahora espantada. Al disponerse a subir por la pared frontal, había caído sobre su cabeza. El susto había sido mutuo.

En el nuevo anochecer, tal y como hacían los recién casados de la zona, acudieron al templo de Allepey para pedirle a la diosa serpiente su bendición. Allí disfrutaron de los magníficos cánticos que unas mujeres dedicaban a la diosa de la fertilidad.

Desde que se encontraban en la India, ni Sara ni César habían vuelto a hablar de lo que tenían permanentemente en el pensamiento: la casa de Balika Nilayam, en Hyderabad. Allí estaba su expediente para la adopción. Hacía dos días que estaban en Kerala… Se miraron a los ojos y, sin necesitar más explicaciones, decidieron desplazarse a Hyderabad.

Allí compraron biberones de cristal, globos de colores, ropa…, que, como improvisados Reyes Magos, pretendían llevar a los niños y niñas de Balika Nilayam.

La directora del centro los recibió con gesto contrariado; no esperaba su espontánea presencia. Y ellos, en un inglés que no dominaban, intentaron presentarse:

—Éste es el lugar que la embajada india nos asignó para… —César se atragantó.

—Aquí está nuestro expediente de adopción y… —ayudó Sara.

—¿Les ha llegado un aviso para que vengan a recoger a su hijo?

—No… —contestó Sara—. Nosotros sólo queríamos darles…

Aquella mujer la miró largamente, de arriba abajo. A Sara le pareció entender «Ya vienen éstos de los países ricos tratando de avasallarnos», y no pudo evitar que la sangre se le subiera a la cara. Le ardía. La mujer se dio cuenta y sonrió.

Solamente queríamos saber si todavía falta mucho… —César intervino, no menos incómodo.

La directora les preguntó el nombre y los apellidos, y se dirigió al interior del edificio. No sabían lo que podía significar su reacción. Sara volvió a sentir un agudo dolor en el vientre.

La mujer no tardó en volver con una noticia que los dejó mudos por unos segundos.

—Acaban de enviarles a España la fotografía y la documentación de la criatura que les ha sido preasignada.

—¿Está aquí? —dijo César con palabras atropelladas.

—¿Podemos…? —Sara no pudo terminar la frase.

El pudor inicial se convirtió en pánico y el pánico en un monstruo que les robaba las palabras. La mujer entendió y les invitó a pasar. La siguieron por aquellos pasillos que olían a incienso. El corazón de César estaba a punto de reventarle las costillas y salir disparado fuera del pecho. La respiración de Sara se había paralizado; sus emocionados pulmones se negaban a coger aire.

Llegaron a una habitación de paredes muy blancas. El suelo olía a desinfectante. Unos bebés gateaban por aquellas baldosas limpias, sorteando los juguetes. César y Sara miraban a aquellos niños tan parecidos. Uno a uno…, y a cada uno de ellos, lo quisieron mucho.

—Ésta es, si la aceptan, su niña.

La mujer habló con voz de nieve. No percibía la llama que ya ardía en las entrañas de César y de Sara cuando miraron al bebé.

—¡Y allí estaba yo!
—¡Y allí estabas tú!

DE allí surgió una niña menuda, de enormes ojos y pequeña nariz. Un mirlo de azabache con el pico de fresa. Su pelo negro brillaba sobre una frente con una estrella de hada en el medio. Las manitas cerradas parecían guardar un secreto.

Aquella niña, de inmediato, se volvió diferente a todas las demás. Era una niña única. Sara y César sintieron que sus corazones aumentaban de tamaño.

Sara quería decir «¡es la niña más bonita del universo!», pero no dijo nada.

César quería decir «¡hola, preciosa!», y dijo:

—¡Hola, preciosa!

—¿Cómo se llama? —preguntó por fin Sara con voz ronca.

—Isha —respondió la directora—. Acaba de cumplir diecinueve meses, pero su ritmo de crecimiento es un poco lento, no anda…

Ni Sara ni César le prestaban ya atención a la mujer. Todo el tiempo les parecía poco para observar aquella boca deliciosa, que tenía el color de las cerezas maduras, y aquellos ojos inmensos que parecían crecer más y más. Nunca podrían olvidar aquel rostro.

Sara acercó su boca a la cara de Isha, cubrió su cuello de besos y le repitió:

—Te quiero, tesoro. Te quiero desde antes de conocerte.

César cogió las pequeñas manos entre las suyas. La niña se estremeció. No estaba acostumbrada a las caricias y dejó que dos lágrimas saltasen de sus párpados.

—Aquí no podemos encariñarnos demasiado con ellos. Procuramos evitar que sufran cuando se marchan —se justificó la directora.

11
Todo estaba previsto
para el gran día

AQUEL día, y todos los que siguieron mientras permanecieron en la India, se pasaron las horas pegados a Isha. Le daban el biberón, le mudaban los pañales, le hablaban con palabras de nácar junto a la oreja, acariciaban suavemente sus brazos, su pecho, le daban masajes... Cuando no estaban con ella, estaban en la oficina arreglando los trámites para poder llevársela a casa cuanto antes. Algunos de esos documentos tenían que conseguirlos en Galicia. Ellos ya lo sabían, pero eso no evitaba la pena que sentían sólo con pensar en la separación.

Isha se acostumbraba a aquellas caricias, a las palabras dulces, a las miradas… del mismo modo que Gopal, el hijo de Shantala, se acostumbraba a las de su madre.

—En pocos meses podrán tenerla con ustedes en casa —les aseguró la directora del orfanato.

—¡No digas esa palabra, papá! —protesta Isha.

—¡Ay, me había olvidado! No la volveré a nombrar —promete César.

LES dolía la despedida, pero eran inteligentes. Debían hacer bien las cosas.

—¿Y soy hija vuestra para siempre? —se preocupa Isha.

—¡Por supuesto! Tenemos pleno derecho

a quererte y a cuidarte siempre. Así que, si tú no nos quieres..., nunca vas a poder librarte de nosotros.

—¡Yo no quiero!

—Mentirosilla...

—¡No quiero separarme de vosotros, papá!

—Ya..., eso también se lo decía yo a la abuela Mercedes y al abuelo Luis y mira...

—Porque tú tenías a mamá, pero yo...

—Tú también te enamorarás algún día. Habrá montones de príncipes azules, de sultanes... llamando a tu puerta.

—Pues los echas.

—A ver..., ¿de verdad que no te gusta ningún compañero de clase?

—¡Son todos horribles! —protesta ofendida—. Papá, deja eso y sigue con lo nuestro...

LA despedida fue muy dura.

César metió su índice entre aquellos dedos

diminutos. La niña lo agarró con fuerza y lo miró con el brillo de su par de abalorios. En la planta de un pie tenía un lunar que él besó repetidamente. Isha sintió cosquillas y retiró el pie. Se rió por primera vez. Y aquella risa encendió en el aire un trino de ruiseñores.

Sara hundió su cara en el cuello de Isha. Una lágrima se le escapó y rodó por aquella piel canela, y las cosquillas la hicieron reír otra vez.

Desde aquel viaje a la India, César y Sara aprendieron que había otra manera más lenta de contar los días. Todos los instantes eran la eternidad. En los ocasos naranja, pensaban en Isha. En los anocheceres violeta, pensaban en Isha. Cuando la lluvia componía melodías de tambores en los tejados, pensaban en Isha...

Desde el primer día de su regreso, se habían dedicado a comunicar la buena nueva.

—Es preciosa. Le hablas y ves cómo sus ojos se van agrandando... —decía Sara.

—Parece tocada por la varita de un hada —explicaba César.

—Puede que en un mes ya la tengamos aquí —aireaban la noticia los abuelos.

Todo lo que se reformaba en aquella casa era pensando en Isha.

César insistía en apresar los colores de la India. Le bastaba para inspirarse con la fotografía de Isha, aquellas luciérnagas eléctricas, como los ojos de las anguilas, dirigidos a él… Pintaba minaretes, iguanas, carrozas doradas, ríos sagrados, hombres caballo, inmensos campos de arroz… Y en todas las pinturas encontraba un pretexto para plasmar aquellos ojos de su niña. Se los ponía a un bonito pájaro, a una espléndida flor, a un lago, a la diosa de un templo… Isha era un rastro de luna.

Sara componía canciones de cuna. Y las cantaba. El gigante del lago recogía su voz y, embalada en un cofre dorado, la llevaba hasta Balika Nilayam. Allí, junto a la almohada de Isha, levantaba la tapa y aquellos halagos con ecos de mar conseguían dormirla. Otras veces, Buda dejaba los versos en las alas de la brisa. Los pájaros los recogían de las esquinas del viento y le regalaban a Isha amaneceres de azúcar.

Para ti este canto,
flor de mi jardín.
¡Que vengan los ángeles
a hacerte reír!

Para ti, mi prenda,
hice yo este nido,
con olor a flores
y colcha de lino.

Para ti se mece
un barco velero.
Duerme, mi princesa,
la que yo más quiero.

12
Todas las tragedias en casa

UNA tremenda noticia cortó las ilusiones de este hombre y de esta mujer.

César llegó a casa abatido.

—No sé si alguna vez podremos traer a Isha —se sentó hundido en la pena.

—¡¡Qué!! —Sara también se sentó de golpe—. ¿Qué me dices?

—Hay problemas en la India. Los jueces han cerrado las adopciones internacionales… —César hablaba con la respiración alterada—. Ahora comprendo por qué tardaban tanto.

—Pero… ¿qué pasa, entonces? —Sara no podía creérselo.

—Están investigando varios orfa…, varias casas… En la de Indian Coucil…

—¡Pero ésa no es la nuestra! —protestaba Sara.

—Ya…, es que la cosa es muy grave. Han utilizado niños para trasplantes de órganos… ¡Horrible!

—¡Monstruoso!, pero… ¿qué tiene que ver la casa de Balika Nilayam?

—Tiene que ver que también está en Hyderabad y que volvemos al compás de espera. Yo…, yo tampoco sé lo que va a pasar ahora.

Y el sol dejó de entrar por su ventana.

Pasaba el tiempo sin recibir noticias de Isha. Los días, los meses… caminaban pesados y lentos como elefantes. Los ánimos de Sara y César parecían las hojas de un rosal que nadie se acordaba de regar.

Alguna noche, Buda el del lago, conmovido por su angustia, sacaba con enorme prudencia de gigante la ventana y les murmuraba al oído palabras de aliento; entonces podían dormir. Otras veces era una bruja despiadada y ruin la que se colaba por el hueco de la cerradura y les decía cosas terribles...

—¡A Isha le falta un pie! ¡A Isha le han sacado un riñón!

Sara se levantaba sobresaltada. César se levantaba sudando... Y los dos se volvían a encontrar en la cocina con un vaso de agua en la mano.

Una de las personas que tramitaban las adopciones en Galicia les sugirió:

—Pueden probar a adoptar un niño en cualquier otro país.

Sara y César le dispararon miradas duras, eran como las palabras más feas que ni siquiera recordaban poseer en su vocabulario. La mujer enrojecida dijo:

—Allá ustedes, así tendrán que esperar más tiempo.

—Esperaremos lo que haga falta —le aseguró César.

Y esperaron un año y otro..., y otro más...

César perdió las ganas de pintar. Cuando paseaba por los alrededores y observaba una nube blanca, una flor que se abría, un pájaro... Todas las cosas hermosas tenían el rostro de Isha y aquellos deliciosos ojos suyos. Regresaba con un ramo de amapolas y margaritas en la mano para llenar la casa de flores y disimular el olor a pena.

Sara, a sus alumnos, sólo les hablaba de historias que la mayoría se tomaban a broma.

—En la India, igual que en Galicia, hay un Finis Terrae, que es el cabo de Comorin. Allí convergen tres mares y se pueden contemplar a un tiempo el sol y la luna... —o les hablaba de los monzones—. Las tormentas son muy fuertes... Todas las serpientes amarillas de la India se juntan repletas de luz para organizar en el aire una fiesta eléctrica.

Volvía a casa y allí permanecía. La lectura se convirtió en una buena medicina.

Cuando en el telediario hablaban de las inundaciones en el río Krisna o de amenaza de desbordamientos en el lago Hussain, de viviendas destruidas, terremotos, de las tempestades asfixiantes de mayo a junio, de las severas sequías del estado de Andhra Pradesh... César y Sara se desesperaban.

Aquel anochecer fue Sara la que lo esperó en la puerta.

—¡La maleta! ¡La maleta! —repetía y se reía—. ¡La maleta, la maleta!

—¿La maleta? —se sorprendió César—. ¿Qué le pasa a la maleta?

—Acaban de llamar de la embajada india. ¡Tenemos cinco días para prepararlo todo!

—¡La maleta! ¡La maleta! —ahora era César el que lo repetía.

—¡Estabais los dos locos! —Isha vuelve a ocultar su emoción entre risas.

SALIERON a la ventana y, sin palabras, comprobaron que la luna seguía allí, después de tantas noches. Aquél era un silencio nuevo, como el de los agujeritos de una flauta.

Prepararon las cosas imprescindibles para el viaje. El mejor equipaje era la desbordante alegría que los acompañaba. Sara le dio la noticia a la señora Mercedes, que se fue corriendo a ponerle una vela a san Benito.

El primer día de diciembre salieron en avión hacia Madrid. Y de Madrid a Frankfurt. Y así, después de insomnios y nervios, llegaron al aeropuerto de Hyderabad, cargados de regalos. Viajaban con el alma empapada de sueños. Tenían unas ganas enormes de estrechar a Isha en sus brazos, pero la psicóloga de la embajada ya les había advertido:

—Isha ya no es aquel bebé que ustedes tienen en la memoria. Tendrán que frenar los impulsos para no asustarla. Está, además, muy…, muy rara… Ayer mismo le dio por cortarse el pelo al rape.

No les importó.

Atravesaron la ciudad sin prestar atención al magnífico Charminar de los cuatro minaretes junto al río Musi, ni a los concurridos bazares, ni a los variados estímulos olfativos, las curiosas fábricas de dentaduras postizas o aquel hospital mental en el que el médico y el paciente se exhibían ante el público en un escaparate...

—Ya no se ven tantos elefantes y tantas vacas por las calles, ¿verdad? —fue el único comentario que hubo durante el trayecto.

Sara y César estaban dominados por una pasión mayor.

13
Regreso a Balika Nilayam

YA había pasado la época del monzón en Hyderabad. La temperatura era agradable en aquel diciembre que se estrenaba, en contraste con el tiempo fresco que habían dejado en España.

—Nos miran como a bichos raros. Estamos tan blancos… —percibió Sara.

—Nosotros miramos a la India, es justo que la India nos mire a nosotros —reconoció César.

En la entrada de Balika Nilayam se cogieron de la mano. La psicóloga de la embajada los acompañaba. La señora Khan apareció con Isha de la mano. ¡Estaba preciosa! Una tela de una sola pieza envolvía su cuerpo de señorita de casi cinco años.

—Se llama sari, papá.
—¿Y a ti quién te lo ha dicho, marisabidilla? ¿Quién te ha hablado del hombre que lo inventó al tejer una tela muy larga por quedarse atontado mirando a una hermosa mujer?
—Tú...

ISHA apareció envuelta en un sari, como un regalo de los dioses.
—Ayer mismo se cortó el pelo y... —trataba de disculparse la cuidadora.

Pero Isha estaba espléndida con aquellos ojos grandes y asustados que tanto destacaban en su piel trigo gris. Y el cariño volvió a ser pasión.

César sacó del bolsillo siete pulseras de colores y un collar de bolitas. Sabía que no lo entendería, pero pensó que bastaría con el gesto.

—Toma —le dijo—, son para ti.

Isha dejó caer todo al suelo y se agarró con fuerza a la falda de la señora Khan. Todo estaba siendo más difícil de lo que habían imaginado.

—Pero, si yo deseaba tanto que me fuerais a buscar…

—Estabas asustada. El color de nuestra piel…

—Ya os había visto de pequeñita…

—El tiempo nos había borrado…

—¡Pues qué tonta era yo!

—¡De eso nada! Eras muy espabilada.

LA cuidadora se dirigió a Isha en lengua telugu, aún no había tenido oportunidad de ir a la escuela para aprender el inglés y el hindi y ella comenzó a gritar en esa misma lengua. Sus hermosos ojos se pusieron redondos como los de un pájaro.

—¿Qué dice la niña? —quiso saber Sara.

—Nada —la cuidadora les habló en un tono seco—, simplemente está un poco nerviosa.

El sudor pintaba brillos en la frente de Isha. Sus manos permanecían electrocutadas en la falda de la señora Khan, que también reflejaba heridas de despedida en su cara.

César sintió un miedo muy grande a no saber demostrarle cuánto la querían, a no saber ser padre de aquella criatura tan dulcemente hermosa, de ojos aterrados... Y los ojos de César también se volvieron redondos de pájaro.

Dijeron adiós a la casa blanca y se dirigieron a su hotel.

Todo lo que Isha conocía de Hyderabad era por boca de Buda y de Pratima... La fascinación que le producía la ciudad que iba aparecía delante de ella le impedía articular palabras de protesta. Un barrendero recogía una boñiga que una vaca cebú acababa de soltar en la calle, como una máquina expendedora de tabaco. Se imaginó a Mohamad buscando los diamantes...

En la puerta del Taj Residency, la psicóloga se despidió de la niña en aquella lengua telugu. De inmediato se dirigió a ellos en perfecto inglés:

—*Good bye, I wish you good luck and a nice trip. My duty has finished.* ¿Verdad que lo he dicho bien, papá?

—¡Muy bien! ¡Exacto!

—ADIÓS. Les deseo suerte y un buen viaje. Mi misión ha terminado.

En ese momento, César cogió a Isha de la mano. La niña miró sus dedos pequeños entre unos dedos gigantes, que tenían el color del pan indio…, y con voz temblorosa protestó una vez más en aquella lengua indescifrable, partiéndoles el alma a Sara y a César.

14
Tiempos difíciles
para todos

AQUELLA primera noche de hotel, Isha se acostó en una cama pequeña que le daba un miedo enorme. En la misma habitación se sentaron César y Sara. No se atrevieron a ponerle el pijama. Ella no se dejaba desnudar y ellos no quisieron forzarla.

A Sara le pareció escuchar un tímido sollozo. Se levantó silenciosamente y a tientas se fue aproximando. Esperó un poco. Y despacito fue arrimando su boca a la mejilla de Isha. La besó suavemente y, con un hilo de voz, le habló:

—Estás asustada, tesoro mío...

La niña no se movió, pero empezó a oler

aquel aroma, como un cachorrito. Se durmió.

César y Sara velaron toda la noche su sueño.

Por la mañana prepararon el viaje de regreso. Sara quiso duchar a Isha antes de vestirla; pero unos gritos que parecían más los de un cochinillo en el matadero que los de un ser humano se lo impidieron. Entonces, se olvidó de las recomendaciones de la psicóloga y la cogió en brazos. Isha trató de deshacerse de aquellos brazos hasta que vio las lágrimas de Sara. Se dejó ir, cerró los ojos y volvió a respirar aquel aroma… Se tranquilizó. Sara aprovechó para ponerle un pantalón y una camiseta limpios. Casi no había nada que peinar.

Ya en casa, todo el mundo quería ver a Isha y hacerle regalos. La época de Navidades propiciaba esas reacciones, pero Sara y César no querían malcriarla.

—Tenéis que entenderlo —insistía Sara—. Todo es demasiado nuevo para ella. Está asustada con tantas caras desconocidas, no entiende nuestro idioma… Dejad que pase un tiempo y, por favor, no le traigáis tantas cosas.

—¡Qué bobos! ¿Acaso es malo tener muchos juguetes?

—Supongo que es peor no tener ninguno; pero sí, es malo. Es…, es como cuando comes demasiado y acabas con dolor de barriga y vomitas.

—Los juguetes no se comen, papá. No es lo mismo.

—Claro que no, pero si tienes más de los que puedes disfrutar, te matan las ganas de jugar… Entonces… ¿para qué te sirven?

EL caso era que los abuelos querían ver a Isha, y los abuelos son sagrados…

—Como las vacas en la India —se ríe Isha.

—Anda, lianta. Vaya comparaciones… ¡Y deja ya de interrumpirme! ¿Tú sabes la hora que es?

Isha se calla para que su padre vuelva a poner voz de narrador.

LA madre de Sara fue la primera en visitar a Isha. Tan pronto como la tuvo delante, se quedó paralizada como si la hubiera picado una serpiente.

—¿Qué pasa, mamá? —Sara no entendía aquella reacción de la abuela.

—¡Es preciosa! —dijo mirando al cielo—. ¡Si estuviera aquí tu padre…!

—Mamá…, que la niña no sabe de esas cosas…

—Mira, hija mía, como estamos en el invierno yo le he traído…

La abuela Rosa empezó a sacar jerséis, chaquetas, bufandas, guantes, gorros… Aque-

llo parecía un puesto ambulante especializa-
do en prendas de lana. La mayoría, enormes.

—Pero, mamá... ¡Esto no lo llena ni dentro de diez años!

La abuela, sin hacer el menor caso, se
acercó a Isha y, sin más, le metió por la cabeza uno de aquellos jerséis. La niña protestó
con gestos bruscos que demostraban su dis-
gusto. La abuela también se disgustó; había
venido desde Asturias..., y todavía le dolió
más cuando quiso besarla e Isha la empujó.
Cada beso que Isha recibía le producía un
estremecimiento como si le hubieran dado
un golpe inesperado en el tobillo.

Aquellas primeras noches, su padre inten-
taba dormirla contándole un cuento con voz
cariñosa:

—En un lugar muy hermoso del centro-
sur...

Isha no entendía y, antes de dormirse,
sólo repetía en aquella lengua telugu un lamen-

to que debía de significar: «Quiero irme a casa, quiero irme a casa...»

El comportamiento de Isha no coincidía con el informe de niña tranquila que les habían dado en Balika Nilayam. Ni siquiera les habían avisado de que tenía eneuresis.

—¿Eneuresis? Eso tampoco me lo contabas así...

—Que mojabas la cama por las noches...

LA asustaban los muñecos de su habitación, los programas de televisión, las voces de la calle, las compras...

Para Sara y César fueron días espinosos que les hacían dudar de su capacidad de ser padres.

—También para mí fueron difíciles, ¿no?

TAMBIÉN para Isha fueron días muy duros. Isha ponía a prueba, continuamente, el amor y la paciencia que le demostraban aquel hombre y aquella mujer... Se empeñaba en ser mala adrede. Se orinaba encima durante el día... Tiraba el plato de comida al suelo... No permitía que la peinaran... Se quitaba la ropa que acababan de ponerle...

—Tenía un vestido para cada cinco minutos...

—Sí... Tu madre está loca contigo y se pasa un poco.

—Hoy me ha comprado uno naranja y verde, para el festival del cole. Mañana lo estreno.

ISHA no aprendía ni una sola palabra pese a los esfuerzos de Sara por enseñarle.

15
Una palabra de azúcar

UNA mañana César y Sara llevaron a la niña al pediatra con el informe médico que habían traído de Balika Nilayam.

—No come nada —se lamentaba Sara.

El doctor miró a la niña. La pesó. Volvió sobre los papeles que tenía en la mesa.

—¡Está más delgada de lo que pone aquí! —volvió a mirar a la niña—. ¿Y ese corte de pelo tan horroroso? En las fotografías de la India no estaba así. ¡Esta niña no está bien atendida!

Tanto Sara como César se quedaron de piedra. Sabían que si los informes médicos y psicológicos, que durante dos años tenían que enviar a la India, no eran favorables, les podían quitar la niña. También ellos perdieron las ganas de comer.

El gigante del lago parecía haberse olvidado de esa familia.

Aquella mañana Sara la despertó con un:

—*Nenu Ninnu Premistunnanu*, Isha.

César, que observaba desde la puerta, pensó que Sara estaba perdiendo la cabeza. De hecho, esa noche había permanecido en su estudio mucho más tiempo de lo habitual. Lo que más lo sorprendió fue la reacción de la pequeña, quien por primera vez se dejó vestir sin rebelarse. Sara se dio cuenta de la mirada incrédula de César y le explicó:

—He encontrado en Internet una página en la que aparece «te amo» en todas las lenguas del mundo. ¿Y sabes cómo se dice en telugu?: *Nenu Ninnu Premistunnanu*. Ya puedes practicar.

—Bellísima princesa de cabellos azabache, ¡*Nenu Ninnu Premistunnanu*!

—¡Papá, no te pases! ¡Si casi no tenía pelo!

—¡Ay, es verdad! —reconoce César—. Bellísima princesa de calva azabache, *¡Nenu Ninnu Premistunnanu!* Pero ya estaba empezando a crecerte, ¿eh? Además...

—Papá..., ¡que me lo tienes que acabar!

AQUELLA tarde la madre de Isha continuó con sus lecciones de idioma.

Tocó los ojos y dijo:

—Ojos. O-jos. Ojos.

Señaló un libro y dijo:

—Libro. Li-bro. Libro.

Puso la mano en su propio pecho y dijo:

—Mamá. Ma-má. Mamá. Mamá, *Nenu Ninnu Premistunnanu.*

Y continuó señalando partes del cuerpo y tocando objetos mientras repetía sus nombres. Isha observaba atenta. De repente, miró a Sara con aquellos ojos redondos de pájaro y dijo:

—¿Ma-má?

En los ojos de Sara explotó una orquesta de luces. El aire se le quedó metido en el alma y sólo pudo mover la cabeza para aceptar.

—Mamá —volvió a decir Isha.

Y aquella palabra de azúcar se convirtió en un hilo de oro que cosió el corazón de Isha con su propio corazón.

El resto del día, Isha repitió la palabra sin parar.

Quiso beber y dijo:

—¡Mamá!

Su madre entendió y le dio agua.

Tuvo frío y dijo:

—¡Mamá!

Y su madre la arropó y la rodeó de caricias.

Isha se agarró a esa palabra con la energía de un náufrago. Y otras palabras empezaron a surgir a la vez como frutos de una misma siembra.

Aquella noche Isha dejó de mojar la cama,

y Sara empezó a ser a menudo «mamá», y César, «papá».

Pasó mucho tiempo...

—¡Casi seis años, papá!

CUANDO Sara la oye decir: «Ahí viene mi madre», siente que miles de mariposas agitan las alas dentro de su estómago.

—¿Y cuando dice «papá»?

CUANDO dice «papá», César se transforma en una piedrecita de hielo cerca del sol.

16
El gigante del lago regresa

Ahora, de vez en cuando, del cielo particular de Isha huyen las estrellas y se cubre de nubes grises que desatan tormentas. Hoy ha sido día de temporales. Pero es muy inteligente y sabe que ella es una niña gallega que nació en la India y que, precisamente por eso, su piel es de un color diferente a la de sus padres, que los diferentes colores no son más que apariencias para perderse. Y sabe, también, que no estuvo en el vientre de su madre durante nueve meses, como otros amigos y otras amigas. Isha estuvo dentro de su corazón y, en cierta manera, allí sigue para siempre.

Isha crece y sabe valorar el esfuerzo que hace su padre para alargar esa historia que tanto la calma cuando algo la perturba. Por eso, antes de que él salga de la habitación, se levanta y se cuelga de su cuello para estamparle un beso en la cara.

—*Nenu Ninnu Premistunnanu*, ¡guapo! —le dice.

—Y yo a ti, aduladora, yo también *Nenu Ninnu Premistunnanu* muchísimo —repite César en esa hermosa lengua telugu.

—Si algún día tengo novio, quiero que se parezca a ti.

—¿Y ese Isaac, qué?

—¡Es tonto, papá!

—¿Entonces?

—Cuando Marta me dijo que mamá no podía ser mi madre porque era blanca, Isaac se ha burlado de mí.

—¿Y qué tal le va en las clases al Isaac ese?

—Mal. Lee fatal y ayer escribió: «me gusta la caca», en vez de «me gusta la caza». Ni siquiera ha aprendido que Isha se escribe con hache.

—Tienes razón, es un borrico. Será mejor que te busques otro novio más listo.

Su madre entra en la habitación y no puede evitar escuchar la última parte de la conversación.

—¿Qué es eso de que se tiene que buscar un novio? ¿Es que ya la quieres casar?

—¡No, mujer! —se ríe el padre—. Sólo quiero espantarle un moscón que anda por ahí, un tal…

—Isaac —ayuda Isha—, pero es tonto del culo.

—Isha, no está bien… —la reprende su madre.

—Esta vez tiene razón… —la defiende su padre—. Ese Isaac se ha comportado como un idiota.

—Cuando Marta dijo que yo no podía ser tu hija, Isaac le dio la razón, mamá.

—¡Ah, entonces haces bien! Ese tal Isaac es tonto del culo —da por zanjada la cuestión su madre.

—A ti te van a sobrar pretendientes, vamos a tener que ahuyentarlos con una escoba, ya te digo —todavía añade el padre.

—Pues anda que cuando la veas con el vestido nuevo… ¡Está guapísima! —asegura Sara.

—Tiene un cinturón muy chulo —vuelve a coquetear Isha—. Mañana me lo pongo, ¿a que sí, mamá?

—De acuerdo, pero ahora, a dormir. ¿Sabéis qué hora es, enredantes?

César le da un beso a su hija, mira el reloj y sale de la habitación llevándose las manos a la cabeza.

Sara se queda unos segundos para arroparla y decirle sus palabras de azúcar:

—Duerme, tesoro, que ya es muy tarde.

—No sé lo que me pasa. No puedo dormir…

—A ver…, qué sucede…

—¿Te acuerdas de aquella niña que apareció en un contenedor de la basura? Algunas veces pienso…

—¡Ay, qué fallo! ¡Cómo no te lo habré
dicho! —se lamenta Sara.

—¿Qué le pasó? ¿Se murió? —Isha teme
la respuesta.

—¡Qué va! Me dijeron que la adoptó una
enfermera del Provincial y que están las dos
encantadas. Y ahora venga, reina, que mañana será otro día…

Sara canturrea con un suave hilo de voz
mientras le acaricia los brazos y le enreda el
pelo con las yemas de los dedos. Desde muy
pequeña, ése sigue siendo un remedio eficaz
contra el insomnio.

> Linda paloma que vuela
> muy cerca del palomar.
> Linda paloma que crece
> escuchando este cantar.

Linda paloma que duerme
en edredones de sal.
Linda paloma que sueña,
no la quiero despertar.

Isha cierra los ojos, y Sara piensa en su futuro, en las Martas y los Isaac que aparezcan. «Es inteligente, tiene mucho carácter...»

Cuando cree que Isha ya se ha dormido, se levanta silenciosa para que no suenen las maderas del suelo, y se va hacia la puerta.

—¿Sacar los hijos de la barriga duele, mamá? —pregunta Isha de repente.

—¡Pero tú no estabas dormida, calamidad!

—Un día voy a tener una hija para que me quiera tanto como yo a ti. A ver, dime, ¿duele sacar un bebé de la barriga?

—Bueno..., es..., ¡es como una caca muy dura! —improvisa Sara.

Isha se queda un momento pensativa...

—¡Pues mejor vamos a buscarla a la India! —resuelve.

Esta noche la luna barniza el río y una lechuza le canta a su reflejo. El gigante del lago ha regresado junto a Isha para lavarle la cara con agua de despertar, sabe que ya no puede abarcar todos sus sueños. Isha se va construyendo su propia ciudad interior, aunque siempre mantendrá un cuarto pequeño para que él siga contándole las deliciosas historias que recoge por el mundo entero.

Autora:

Fina Casalderrey nació en Xeve, Pontevedra, en 1951. Creció en un ambiente rural y su infancia está plagada de bonitas historias que le contaba su padre y numerosas vivencias entrañables. Estudió magisterio y, desde los 19 años, ejerce la profesión de maestra. Fue entonces cuando se inició en la creación literaria como autora y directora de varias piezas teatrales. Ha recibido numerosos premios y distinciones, entre ellos: el Premio Nacional de Literatura Infantil y Juvenil, y el Premio Edebé por su obra *El estanque de los patos pobres*.

Ilustrador:

Manuel Uhía es natural de Portonovo (Pontevedra). Estudió Bellas Artes en Madrid, donde entró enseguida en contacto con editoriales en calidad de ilustrador. Trabajó durante unos años en publicidad, y en la actualidad, colabora como ilustrador para varias editoriales, actividad que comparte con la pintura y el diseño gráfico.